CORINA BEURENMEISTER

KINDERLEICHTE TIERMOTIVE

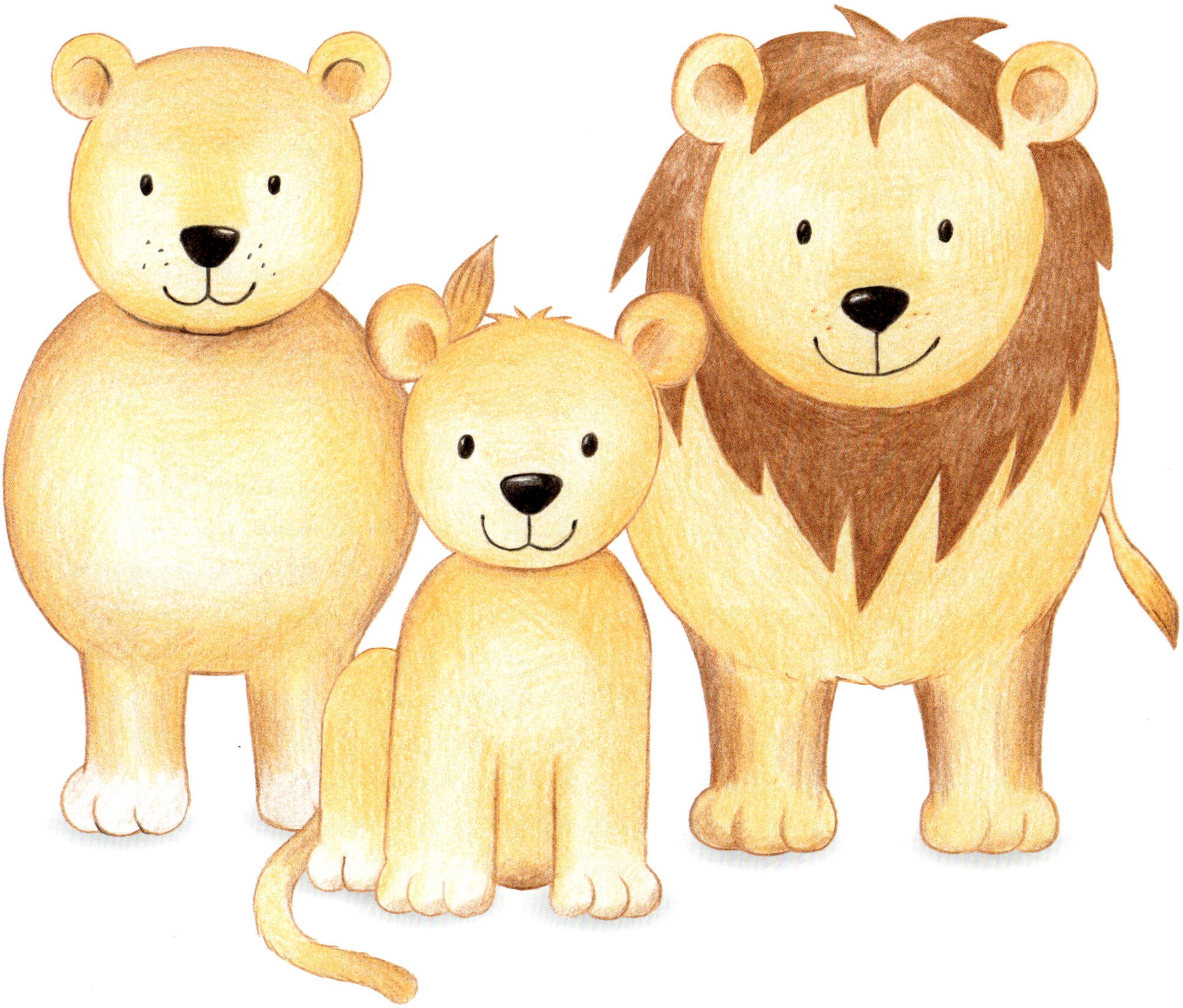

Autorin: Corina Beurenmeister
Bildnachweis: Porträt auf Klappe:
© Christoph Becker
Produktmanagement und Lektorat: Tina Bungeroth
Layout und Litho: Michael Feuerer
Druck und Bindung: Neografia, Slowakei

ISBN: 978-3-86230-296-3
Art.-Nr. 30296
© 2015 Christophorus Verlag GmbH & Co. KG, Freiburg
Alle Rechte vorbehalten

Die Ratschläge in diesem Buch sind von der Autorin und dem Verlag sorgfältig erwogen und geprüft, dennoch kann eine Garantie nicht übernommen werden. Eine Haftung der Autorin bzw. des Verlages und seiner Beauftragten für Personen-, Sach- und Vermögensschäden ist ausgeschlossen.

Besuchen Sie uns auf unserer Website: www.christophorus-verlag.de

INHALTSVERZEICHNIS

ZEICHNEN – GANZ EINFACH

Liebe Eltern, Erzieher und Lehrer,

„Hilfe! Ich kann einfach keine Tiere zeichnen …!" Dieser Ausruf kommt Ihnen vielleicht bekannt vor. Tiere zu zeichnen erscheint aufgrund der vielen verschiedenen Erscheinungsformen nicht immer ganz einfach, und oft traut man sich dann gar nicht an diese vermeintliche Herausforderung heran. Dabei ist es mit einigen wenigen Hilfestellungen eigentlich ganz einfach:

Alle Tiere in diesem Buch sind aus einfachen Grundformen aufgebaut. Diese Grundformen – Ovale, Kreise, Tropfen – gehen schnell von der Hand, und so sind die Tiere in jeweils vier Schritten leicht nachzuzeichnen.

Die Grundformen ermöglichen es, auch die Formen von anderen Tiere zu erfassen und umzusetzen. So gelingen den Kindern bald ganz eigene Tierbilder.

Auch wird in diesem Buch bewusst auf perspektivische Ansichten verzichtet, sodass die Tiere entweder frontal oder genau von der Seite gezeigt werden.

Diese einfachen Tierformen, die sich auf wesentliche Merkmale beschränken, ermutigen die Kinder, sich an das Zeichnen von Tieren heranzuwagen – und bescheren ihnen wundervolle Erfolgserlebnisse!

Die verschiedenen Tierarten sind eine wertvolle Anregung, sich mit unserer Welt zu beschäftigen. Welche Kontinente gibt es, und welche Tiere leben dort? Wenn die Kinder mit diesem Buch zeichnen lernen, beantworten sie diese Fragen für sich und machen sich ganz nebenbei ein erstes Bild von unserer Erde.

Ich wünsche Ihnen viel Freude dabei, den Kindern beim Zeichnen zuzusehen und ihre Tierzeichnungen zu bestaunen. Vielleicht finden Sie ja auch die ein oder andere Anregung für sich selbst!

Liebe Kinder,

Tiere zu zeichnen macht sehr viel Spaß!
Mithilfe einfacher Formen, wie zum Beispiel Kreisen
und Ovalen, kannst du die Formen der Tiere leicht
auf das Papier zeichnen.
Dieses Buch zeigt dir immer in vier einfachen Schritten,
wie du ein Tier zeichnen kannst. Diese Schrittbilder
sind so klein, weil sie sonst nicht auf die Seiten passen
würden – du kannst ruhig viel, viel größer zeichnen!
Auf jeder Seite findest du einen Rahmen, in den du
dein Tier selbst zeichnen kannst. Probiere es auf einem extra Blatt aus, und wenn es dir
gut gelungen ist, zeichne es in dein Buch. So erhältst du ein schönes Album mit deinen
eigenen Tierzeichnungen.
Male für deine Tiere ruhig auch eine schöne Umgebung dazu. Der Hase fühlt sich doch
auf einer saftig grünen Wiese viel wohler!
Und es macht gar nichts, wenn deine Tiere anders aussehen als die hier im Buch.
In der Natur gleicht auch kein Tier genau dem anderen – jedes ist einmalig!
Viele wilde Tiere passen sich zur Tarnung ihrer Umgebung an: Sie sind braun, grau, beige,
grün oder gefleckt. Deine Tiere werden lustiger, wenn du bunte Farben verwendest.
Male sie in grünes Gras unter einen blauen Himmel mit Sonne oder Mond und Sternen,
inmitten bunter Blumen oder im Wasser.
Bald wirst du eigene Tierfiguren finden und erfinden, bestimmt viel fantasievoller und
schöner als alle Vorgaben!

Viel Freude mit diesem Buch wünscht dir

Corina Beurenmeister

Schau mal
auf der Karte
(S. 12/13) nach, wo
dein Lieblingstier
lebt.

JETZT GEHT'S LOS!

DU BRAUCHST:

Bleistifte oder **Buntstifte**: Am besten geht es mit weichen Stiften (B, 2B, 3B, ...) Deine Stifte sollten lang genug sein, dass du sie entspannt in der Hand halten kannst!

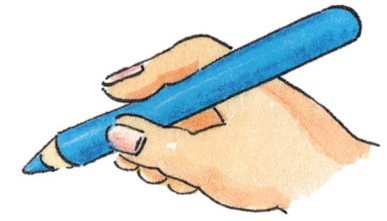

Einen **Spitzer**: Deine Stifte müssen aber gar nicht superspitz sein. Vollfarbstifte muss man überhaupt nicht spitzen!

Einen **Radiergummi**: Für Notfälle. Wenn du mit dem Stift nicht so fest aufdrückst, kannst du eine Linie auch einfach noch mal übermalen, bis sie dir gefällt.

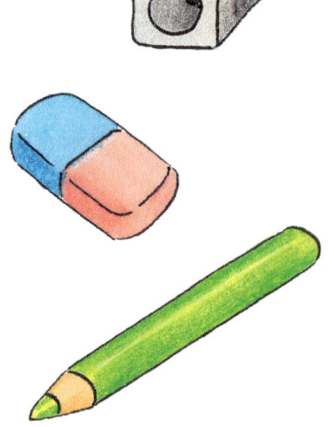

Du kannst deine Bilder auch statt mit Buntstiften mit Filzstiften, Wachskreide oder Wasserfarben ausmalen. Mit Wasserfarben solltest du aber auf ein extra Blatt Papier malen und nicht in dieses Buch, sonst wellen sich die Seiten.

FARBEN

Die Tiere hier im Buch habe ich mit Buntstiften vorgezeichnet und auch mit Buntstiften ausgemalt. Du kannst deine Tiere aber auch mit Bleistift vorzeichnen und dann bunt anmalen. Buntstifte kannst du in mehreren Lagen übereinander malen. Durch das Übereinandermalen mischen sich die Farben, sodass eine neue Farbe entsteht. Hier siehst du drei Beispiele. Bei Wachs- und Pastellkreiden funktioniert es genauso!

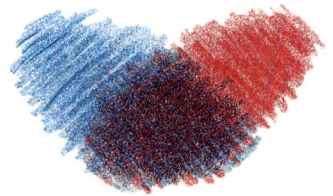

Aus Gelb und Blau wird Grün,

aus Blau und Rot wird Violett,

aus Rot und Gelb wird Orange.

Viele Tiere haben ein helles Fell oder Federkleid. Dann zeichnest du nur den Umriss auf weißem Papier. Damit das nicht langweilig wird, kannst du einen blauen Himmel und grünes Gras und andere Pflanzen dazuzeichnen. Es sieht bei hellen oder weißen Tieren auch schön aus, wenn du sie ausschneidest und auf einen farbigen Hintergrund klebst.

GRUNDFORMEN

Die Tiere in diesem Buch bestehen aus ganz einfachen Formen.
Versuche einmal, diese Grundformen nachzuzeichnen – erst in klein, dann immer größer,
bis sie dir freihändig gelingen. Sie müssen nicht geometrisch exakt sein und brauchen
auch nicht auf Anhieb zu stimmen.
Trau dich einfach, zum Beispiel einen Kreis so oft nachzuziehen, bis er dir gefällt.
Mache deine Hand locker, indem du alle Arten von Bögen und Wellenlinien kritzelst.

Für die Tiere brauchst du:

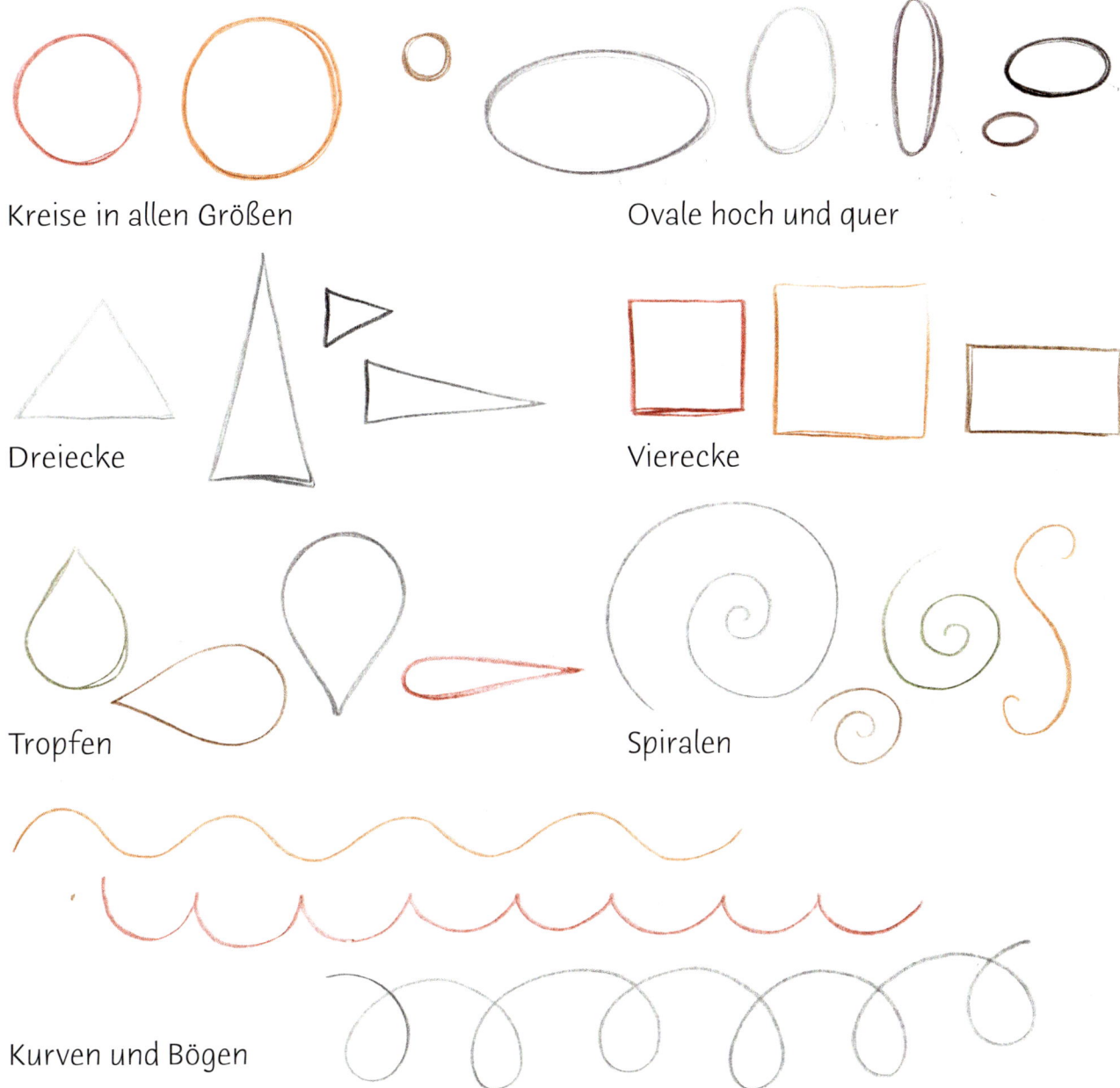

Kreise in allen Größen

Ovale hoch und quer

Dreiecke

Vierecke

Tropfen

Spiralen

Kurven und Bögen

Wenn du alle diese Formen zu zeichnen geübt hast, gelingen dir bestimmt auch
die Tiere auf den nächsten Seiten!

WENN DU DAS SCHON KANNST:

Wenn du das, was ich auf den letzten Seiten erklärt habe, schon einmal gehört hast und schon gut zeichnen kannst, habe ich noch einigen Anregungen für dich, wie du deine Bilder noch schöner machen kannst:

Male nicht alles gleich kräftig aus. Versuche einmal, **Übergänge von zart nach kräftig** oder umgekehrt zu malen. In Wirklichkeit bestehen Tiere nämlich nicht aus flachen Kreisen und Ovalen, sondern aus räumlichen Körpern – ähnlich wie Kugeln oder Eier.
Wenn du beim Ausmalen zum Rand hin dunkler malst, wirkt deine Figur räumlicher.
Probiere das einmal bei diesen Figuren aus:

Gesichter sind am einfachsten mit Punktaugen, einer dreieckigen Nase und einem Strich für den Mund zu zeichnen. Gerade weil es nur kleine Punkte sind, ist es wichtig, die Augen an die richtige Stelle zu setzen. Schau dir dafür jeweils das Vorlagenbild genau an.
Sobald du aber einen klitzekleinen weißen Punkt innerhalb der Nase oder des Auges als Lichtpunkt freilässt, wirkt dein Tier viel lebendiger.

Auf den meisten Anleitungsbildern sieht man nur **zwei Beine eines Tieres**. So ist es einfacher, das Tier zeichnen zu lernen. Du kannst aber immer die dahinter liegenden Beine andeuten. Sie sind dann teilweise von den vorne liegenden Beinen verdeckt. Was vorne liegt, verdeckt den Rest und wirft einen leichten Schatten.

Bei Tieren mit **Fell** kann man oft keine genaue Umrisslinie sehen. Stattdessen setzt sich der Umriss aus vielen kleinen Haarstrichen zusammen. Das Fell wächst meist vom Kopf in Richtung Schwanz in eine Richtung. Dabei brauchst du gar nicht sehr exakt zu arbeiten. Setze auch viele kurze Striche auf das übrige Fell. Wilde Tiere sind gerne auch mal struppig und zottelig!

Die Tiere hier im Buch sind stark vereinfacht gezeichnet. In Wirklichkeit weichen viele Einzelheiten davon ab. Schau dir die Tiere in deiner Umgebung genau an! Wenn dein Hund runde Ohren hat statt dreieckige oder einen viel längeren Schwanz als auf dem Anleitungsbild – dann male das so, wie du es siehst!

UNSERE TIERE AUF DER WELT

Auf dieser Weltkarte kannst du sehen, wo die Tiere in diesem Buch vorkommen. Manche Tiere leben nur auf einem Kontinent, wie z. B. das Känguru in Australien. Andere Tiere findet man aber fast überall auf der Welt. Diese sind dann auch mehrmals auf unserer Karte abgebildet. Alle Lebensräume können wir hier aber gar nicht zeigen, so viele sind es!

EINE WELT – VIELE TIERE

Sicher hast du dich schon einmal gefragt, warum zum Beispiel Eisbären ausgerechnet im hohen Norden leben. Warum nicht auch bei uns? Oder warum gibt es Löwen nur in Afrika?

Das liegt daran, dass all die vielen verschiedenen Tiere, die es auf unserer Erde gibt, unterschiedliche Bedürfnisse haben. Für jede Tierart gibt es dort, wo sie lebt, genau das, was sie braucht, zum Beispiel die richtige Nahrung und die passende Temperatur. Aber auch andere Dinge müssen stimmen. So wäre eine Robbe, die sehr gut schwimmen kann, aber an Land ganz schwerfällig ist und nun mal am liebsten Fische frisst, im Wald nicht gut aufgehoben.

Viele Tiere haben sich im Laufe der Zeit ganz besonders an den Ort, an dem sie leben, angepasst. Der Eisbär zum Beispiel war vor ganz langer Zeit braun, wie andere Bären auch. Weil aber da, wo er lebt, viel Schnee liegt, gelang es den Bären mit hellerem Fell besser, sich an ihre Beutetiere anzuschleichen. Diese Bären hatten dann mehr zu essen und bekamen deshalb mehr Junge. Mit der Zeit gab es dann immer mehr helle Bären, sodass wir heute weiße Eisbären haben.

Du siehst also, dass es gute Gründe gibt, warum die Tiere an unterschiedlichen Orten leben. Dem Eisbären wäre es bei uns einfach zu warm. Und dem Löwen wäre es viel zu kalt. Auch wir Menschen spielen dabei eine Rolle, wo Tiere leben. Wir Menschen bringen immer wieder Tiere an Orte, wo es sie vorher nicht gab. In Neuseeland gab es zum Beispiel gar keine Schafe. Die Einwanderer haben sie wegen ihrer Wolle mitgebracht. Und jetzt gibt es in Neuseeland mehr Schafe als Menschen!

„Aber Moment", sagst du jetzt vielleicht, „Wald für den Hirsch gibt es doch nicht nur bei uns, sondern auch in Amerika oder in Russland!" Das stimmt, darum gibt es auch überall dort Hirsche. Diese unterscheiden sich zwar etwas voneinander, aber sie gehören derselben Art an und die Orte, an denen sie leben, ähneln sich. Und genau aus diesem Grund gibt es Tiere, die auf unserer Karte mehrmals vorkommen.

Es gibt auf der Welt so viele Tiere, dass wir sie in unserem Buch gar nicht alle zeichnen können. Und einige kommen bestimmt auch an Orten vor, an denen du sie auf unserer Karte gar nicht findest. Wenn du herausfindest, dass ein Tier noch an einem anderen Ort lebt, male es einfach selbst auf die Karte!

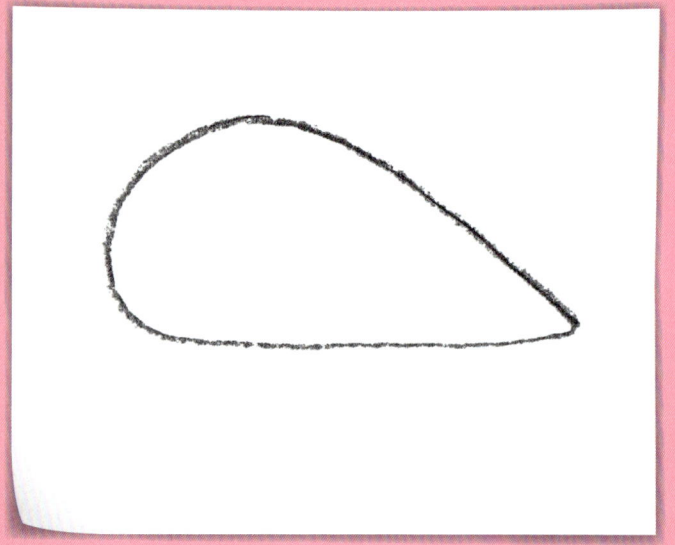

Der Tropfen soll mit einer Seite flach auf dem Boden aufliegen.

Die runden Ohren sitzen weit vorn. Eins verdeckt das andere ein wenig.

MIMI, DIE MAUS

Mäuse gibt es in vielen Arten überall auf der Welt. Mimi ist eine Hausmaus. Sie lebt überall da, wo es Menschen gibt.

Schön, dass du Tiere zeichnen willst! Fang doch gleich mit mir an. Ich begleite dich dann zu den anderen Tieren. Sie freuen sich schon!

Zeichne einen s-förmigen Schwanz dazu und unten ganz kleine Füße.

Ergänze noch Mimis Krallen, ihr Gesicht und die langen Barthaare.

Beginne mit einem großen Kreis.
Das wird der dicke Bärenbauch.

Der kreisrunde Kopf sitzt nicht ganz in
der Mitte, sondern etwas niedriger.

BRUNO, DER BRAUNBÄR

Braunbären gibt es an vielen
Orten auf der Welt. Im Norden
von Amerika und Russland
werden sie besonders groß.
Im Winter, wenn es sehr kalt
ist, suchen sie sich eine Höhle
und halten Winterschlaf.

*Lass in der
schwarzen Nase
einen kleinen Fleck weiß.
Dann sieht es aus, als
ob sie glänzt!*

Male zwei kurze Vorderbeine dazu und zwei kleine, runde Ohren.

Jetzt braucht Bruno noch ein Gesicht, Krallen und viel Fell.

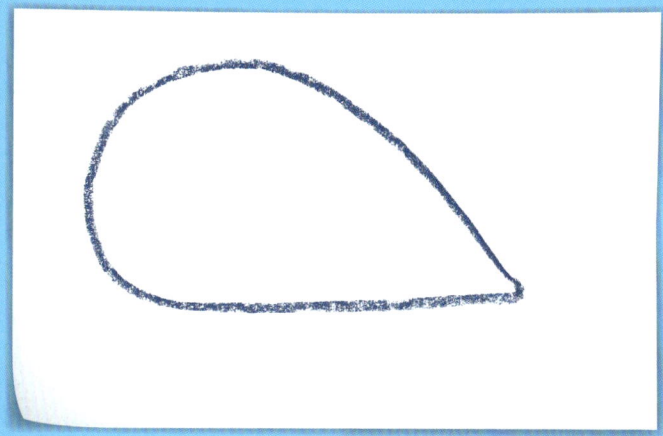

Fange mit einem liegenden Tropfen an. Das wird der Eisbärenkörper.

Daran setzt du zwei Beine und einen ziemlich großen Kreis für den Kopf.

ERIK, DER EISBÄR

Erik ist noch ein junger Eisbär. Deshalb ist sein Kopf im Verhältnis zum Körper größer als bei einem erwachsenen Bären. Bei ihnen wird das Fell mit der Zeit auch etwas gelblich. Eisbären leben ganz hoch im Norden.

Kleine Kreise bilden Schwanz und Ohr.
Vorn sitzt eine ovale Schnauze.

Male jetzt noch Eriks Auge, Nase, Mund,
Fell und Krallen dazu!

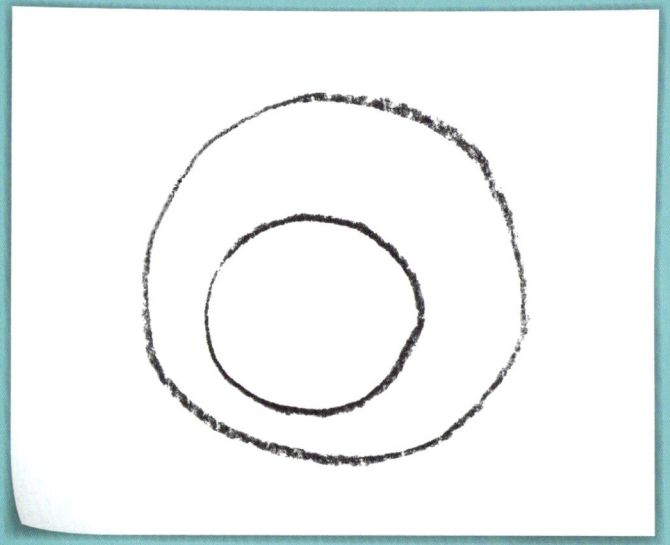

Pass auf: Der kleinere Kreis sitzt nicht genau in der Mitte des großen.

Zwei Ovale bilden die Vorderflossen. Hinten sieht man nur eine.

RASMUS, DIE ROBBE

Kleine Robben haben einen schönen weißen Pelz. Wenn sie älter werden, wird ihr Haarkleid graubraun. Robben leben mit vielen anderen in großen Gruppen, in Kolonien.

Male doch schönes blaues Wasser für deine Robbe!

Augen und Schnauze sitzen niedrig am
Kopf – unterhalb der Mitte.

Vervollständige Rasmus mit einigen
Barthaaren und weichem Fell!

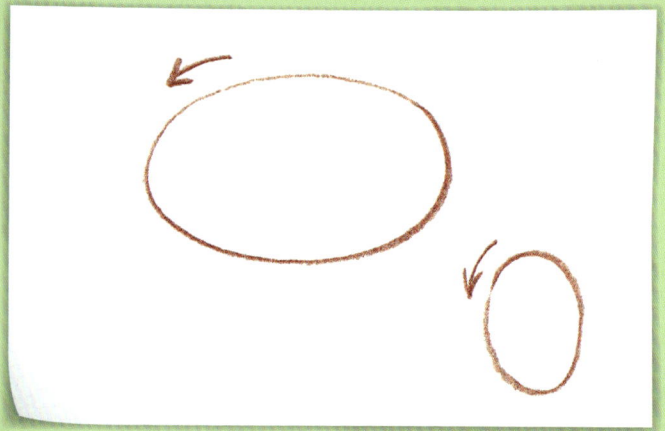

Der Ponybauch ist ein großes Oval.
Male den Kopf ziemlich tief unten.

Ergänze zwei längliche Beine, und
verbinde dann Kopf und Körper.

INGA, DAS ISLANDPONY

Islandponys gehören zu den Pferden, sind aber etwas kleiner.
Sie wurden vor über 1000 Jahren von den Wikingern nach Island gebracht.
Man kann sie gut an ihrer hellen, wuscheligen Mähne erkennen.

Der Schweif ist gebogen wie ein S. Oben am Kopf sitzt das kleine Ohr.

Schließlich braucht das Pony eine wilde Mähne, Hufe und ein Gesicht.

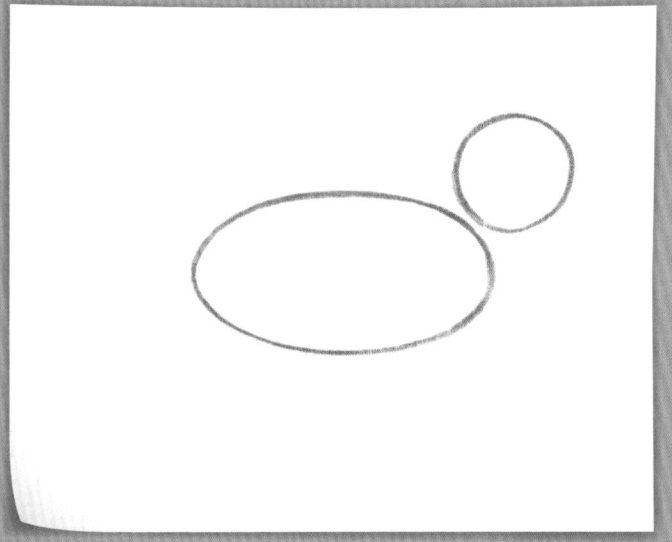

Der Wolf braucht einen ovalen Bauch und einen kreisrunden Kopf.

Ergänze den Körper mit Beinen und einem ovalen Schwanz.

WOTAN, DER WOLF

Wölfe leben in den Wäldern des Nordens. Ihr Fell kann grau oder braun sein; Polarwölfe sind zur Tarnung in Schnee und Eis ganz weiß. Wölfe leben meist in Rudeln mit mehreren Tieren und kümmern sich gemeinsam um die Jungen.

Jetzt kommen ein kleines Oval für die Schnauze und ein dreieckiges Ohr dazu.

Zuletzt kannst du Pfoten, Gesicht und viel struppiges Fell ergänzen.

Zu einem Kreis und einem liegenden
Oval kommt der längliche Schwanz.

Verbinde Kopf und Rumpf mit einem
Tropfen und zeichne lange Beine hinzu.

Zwei Dreiecke bilden die Ohren, kleine Ovale die Pfoten.

Ergänze das Gesicht und das für den Fuchs typische struppige Fell.

FLORI, DER FUCHS

Füchse sind eng mit den Hunden und Wölfen verwandt. Bei uns leben sie im Wald, aber auch bis an den Stadtrand. Füchse gibt es an vielen Orten auf der Welt. Im Norden bis in die Arktis lebt der weiße Polarfuchs, in Nordafrika der Wüstenfuchs mit seinen großen Ohren.

HANNES, DER HASE

Hasen sind größer als Kaninchen und haben längere Ohren. Mit ihrer beige-braunen Farbe sind sie gut getarnt. Hasen leben auf offenem Feld und graben keine Höhlen.

Male Hannes feine Härchen ins Fell und lass das Schwänzchen weiß.

Beginne mit einem schrägen Oval und zwei Kreisen.

Füge zwei lange Ovale als Ohren hinzu. Vergiss auch die Pfoten nicht.

Verbinde die Pfoten zu Beinen und ergänze die Nase.

Jetzt fehlen nur noch das Gesicht, die Krallen und struppiges Fell.

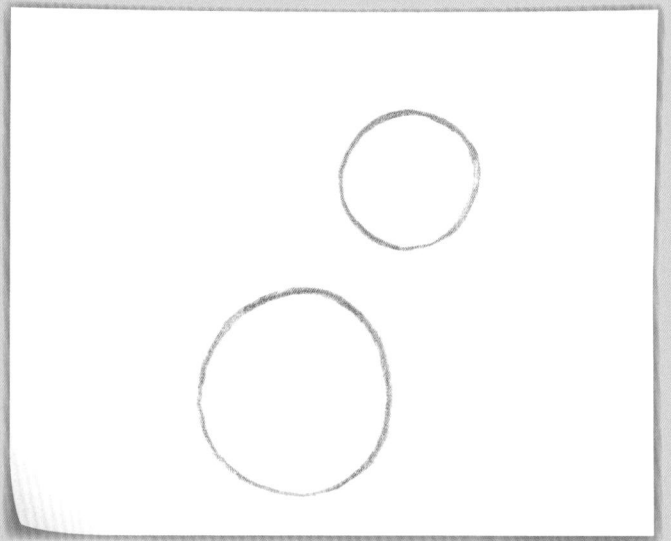

Beginne mit einem kleinen und einem großen Kreis.

Ein großes Oval für den Schwanz und ein kleines für die Pfote kommen dazu.

ELLI, DAS EICHHÖRNCHEN

Bei uns sind Eichhörnchen meistens rotbraun, in anderen Ländern gibt es aber auch graue Eichhörnchen. Sie klettern und turnen blitzschnell in den Bäumen herum und sammeln Nüsse für ihren Wintervorrat.

Zeichne Ellis Fell außen etwas dunkler als innen, dann wirkt es besonders schön.

Das Ohr ist ein kleines Dreieck;
die Vorderpfote bildet ein längliches Oval.

Ergänze Krallen und Beinlinien. Zeichne
den Schwanz und das Ohr buschig gezackt.

Du brauchst einen Kreis und ein Oval, die sich überschneiden, und einen Ast.

Kleine Dreiecke als Ohren und ein Halbkreis als Schwanz kommen dazu.

Zeichne ein kleineres Oval als Bauch, große Augenkreise, Schnabel und Krallen.

Mit Augen und kleinen Bögen am Schwanz ist die Eule komplett.

ELLA, DIE EULE

Eulen sind nachtaktiv, das heißt, sie schlafen am Tag und fliegen nachts umher. Um im Dunkeln gut sehen zu können, haben sie besonders große Augen.

Male für Ella einen Nachthimmel mit Mond und vielen Sternen!

SEBASTIAN, DER SPECHT

Sebastian sitzt am liebsten aufrecht an Baumstämmen, in die er mit seinem Schnabel Löcher hacken kann, um Insekten und Larven zu erbeuten. Es gibt Schwarzspechte, Grünspechte und Buntspechte – Sebastian ist ein Buntspecht. Wenn du im Wald spazieren gehst, sei ganz leise. Vielleicht kannst du das Klopfen eines Spechts hören!

Zeichne ein Oval mit einem Kreis darüber und für den Stamm eine Linie daneben.

Für den Farb-übergang von Rot nach Weiß auf Sebastians Bauch führe deinen Stift erst kräftig, dann leichter.

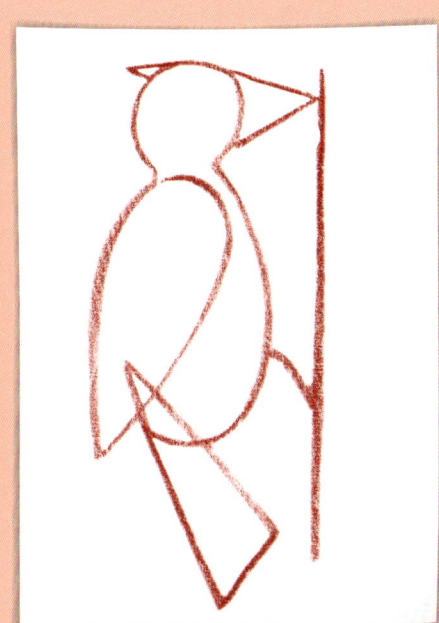

Ein Dreieck bildet den
Schnabel, ein Tropfen den
Flügel, ein Haken das Bein.

Füge Dreiecke als Kopf- und
Schwanzfedern hinzu.

Mit Auge und Federn ist
dein Specht komplett.

Beginne mit einem ovalen Körper und einem tropfenförmigen Kopf.

Verbinde Kopf und Körper. Zeichne den Schnabel und einen Kreis.

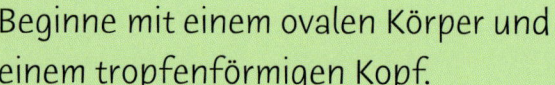

Male die Schwanzfedern, ein Bein, Kamm, Flügel und den Kehllappen.

Jetzt braucht Henry noch ein Gesicht und viel bunte Farbe!

HENRY, DER HAHN

Hühner leben größtenteils auf dem Boden und können nicht besonders gut fliegen. Dafür können sie umso schneller rennen! Henry hier ist ein Hahn mit dem typischen prächtigen Kamm auf dem Kopf. Hühner sind nicht so bunt und haben keinen Kamm.

Für den Körper brauchst du mitten im Bild einen großen Kreis.

Darauf setzt du einen kleineren Kreis als Kopf. Unten sind die Beine.

Kiki bekommt einen dreieckigen Schnabel und spitze Flügel.

Zeichne das Gesicht, die Krallen und male Kikis flaumiges Gefieder.

KIKI, DAS KÜKEN

Kiki ist ein Hühnerküken. Die Küken unserer Haushühner sind hellgelb. Wenn du Kiki zeichnen kannst, kannst du auch alle anderen Vogel-Küken zeichnen. Sie haben zwar unterschiedliche Farben, meist grau oder braun, aber sie sind alle klein und flauschig!

Beginne mit einem ovalen Körper und einem kreisrunden Kopf.

Verbinde Kopf und Bauch. Zeichne eine Wellenlinie für das Wasser.

Dazu kommen ein Dreieck als Schnabel und ein Tropfen als Flügel.

Zeichne Emmas Gesicht und die Schwanzfedern ein – geschafft!

EMMA, DIE ENTE

Emma ist ein Enten-Weibchen. Sie ist braun, aber bei den Stockenten sind die Männchen bunt gefärbt. Enten schwimmen auf Teichen, Seen und Flüssen.

Mit grün-blauen Federn auf Kopf und Flügeln kannst du ein Enten-Männchen zeichnen.

GABI, DIE GANS

Viele wilde Gänse brüten in der Arktis und fliegen im Winter in den Süden. Sie mögen Flüsse und Seen und suchen auf Wiesen nach Nahrung.

Wenn du den Hals kürzer zeichnest, wird aus Gabi eine Ente!

Du brauchst ein großes Oval für den Körper und ein kleines für den Kopf.

Verbinde Kopf und Bauch mit einer Doppelllinie. Zeichne schräge Beine.

Füße und Schnabel sind Dreiecke. Ein Tropfen wird zum Flügel.

Nun malst du noch Gabis Auge, den Mund und ein paar Schwanzfedern.

Du fängst mit einem stehenden Oval an.
Das wird der Kopf.

An den Kopf setzt du eine ziemlich dicke
Wolke mit kleinen Bögen.

An den Kopf gehören Ohren, und an den Bauch zeichnest du zwei Beine.

Male Sheilas Gesicht oben ein paar Löckchen und gespaltene Zehen.

SHEILA, DAS SCHAF

Wusstest du, dass viele Schafrassen Hörner haben? Hausschafe, so wie Sheila, haben aber meist keine. Das wollige Fell kann auch braun, schwarz oder gefleckt sein.

Zeichne kleine Bögen in das Fell, dann sieht es flauschig aus.

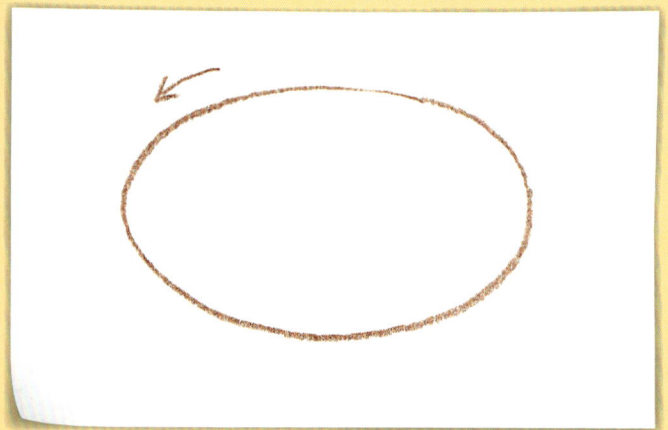

Zeichne als Allererstes ein großes, liegendes Oval für den Körper.

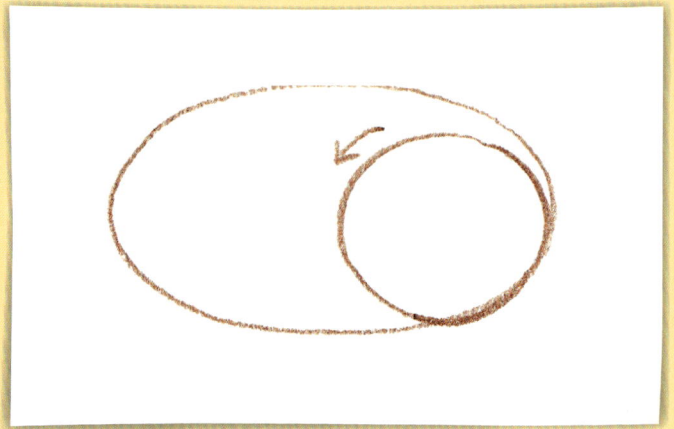

In das Oval hinein setzt du einen Kreis für den Katzenkopf.

WALLY, DIE WILDKATZE

Wildkatzen sind etwas größer als unsere Hauskatzen. Ihr Fell ist in verschiedenen Brauntönen gestreift. Sie leben im Wald und sind sehr scheu.

Der Schwanz schmiegt sich an den Körper. Male dreieckige Ohren.

Nun fehlt noch das Gesicht mit den Schnurrhaaren – und die Streifen.

ROSI, DAS REH

Rehe sind die kleinste Hirschart. Rehböcke habe ein kleines Geweih aus zwei kleinen Stangen mit je zwei Seitensprossen, das sie jedes Jahr im Herbst abwerfen.

Rosis Fell wird besonders schön, wenn du mit dem Stift in Richtung der Fellhaare zeichnest.

Das Reh beginnst du mit einem liegenden Oval und einem Kreis.

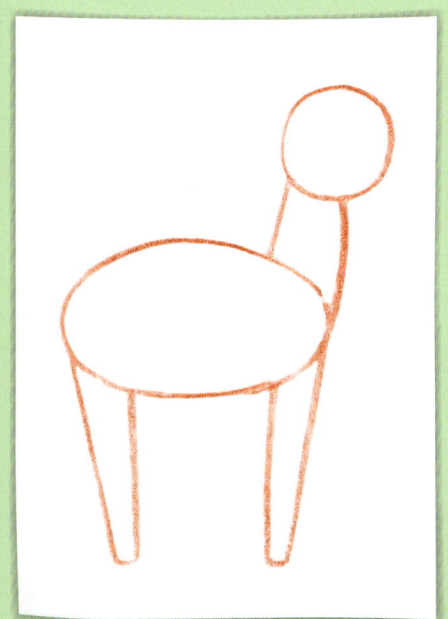

Verbinde Kopf und Rumpf mit zwei Linien für den Hals und füge lange Beine dazu.

Zwei Tropfen bilden die Ohren, ein ganz kleines Oval ergibt den Schwanz.

Zeichne jetzt das Gesicht ein, ergänze gespaltene Hufe und Punkte auf dem Rücken.

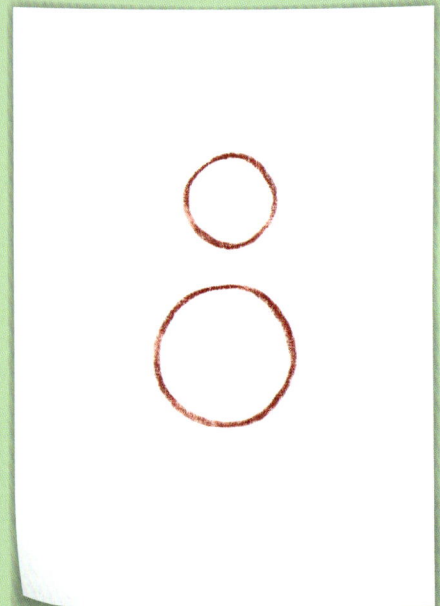

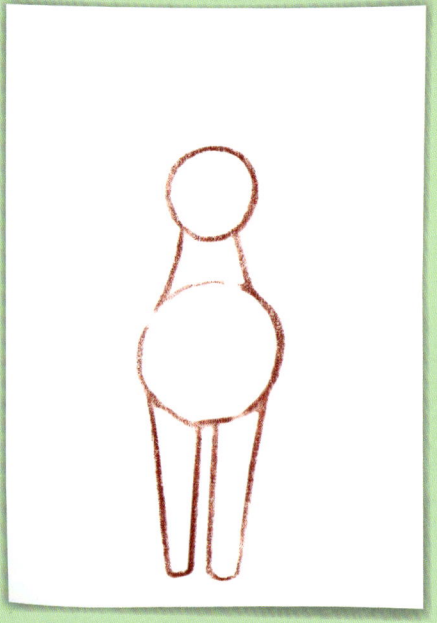

Von vorn brauchst du für den Hirsch einen großen und einen kleinen Kreis.

Zeichne nun die Vorderbeine und verbinde den Kopf mit dem Körper.

Ergänze das Feld für das helle Brustfell und zeichne Ohren und Geweih.

Zeichne das Geweih weiter und stelle den Hirsch mit Gesicht und Fell fertig.

HUBERTUS, DER HIRSCH

Hubertus' Geweih sieht man von vorn am besten. Wie die meisten Hirsche bekommt er immer mehr Enden an seinem Geweih, je älter er wird. Hirschkühe jedoch tragen kein Geweih.

Ein großer Kreis mit einem Oval und einem Tropfen machen den Anfang.

Verbinde Schwanz, Rumpf und Kopf und ergänze die Pfoten des Bibers.

BENNY, DER BIBER

Biber leben an und in Seen und Bächen. Sie sind tolle Baumeister: Mit ihren großen Nagezähnen fällen sie Bäume und bauen daraus Burgen und Staudämme.
Einen Biber kannst du auch an seinem abgeflachten, ungehaarten Schwanz erkennen.
Seine Nagezähne wachsen das ganze Leben lang nach!

Male für Benny eine Biberburg. Das ist ein Hügel aus Baumstämmen und Ästen.

Wichtig sind ein kleines Ohr, die Nagezähne und Krallen.

Zuletzt zeichnest du das Gesicht und den karierten Biberschwanz.

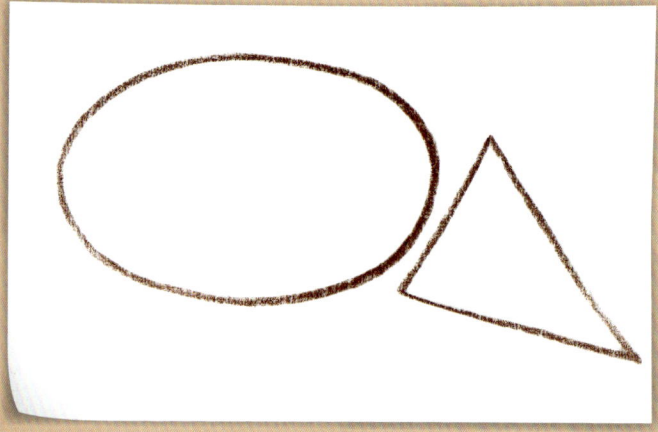

Hier brauchst du ein großes Oval und ein schräges Dreieck.

Radiere nun die Spitze des Dreiecks weg und füge zwei Beine hinzu.

WILLI, DAS WILDSCHWEIN

Bei uns gibt es viele Wildschweine. Man sieht sie aber nur selten, weil sie im Wald leben und nur bei Dämmerung hervor kommen. Ihr Fell ist dunkelbraun bis schwarz. Wildschweinbabys, die Frischlinge, sind am Rücken gestreift. Ältere männliche Wildschweine, die Eber, tragen Stoßzähne, Hauer genannt.

Ein Schwänzchen und ein tropfenförmiges Ohr ergänzen das Schwein.

Mit Auge, Mund und struppigem Fell ist dein Wildschwein fertig!

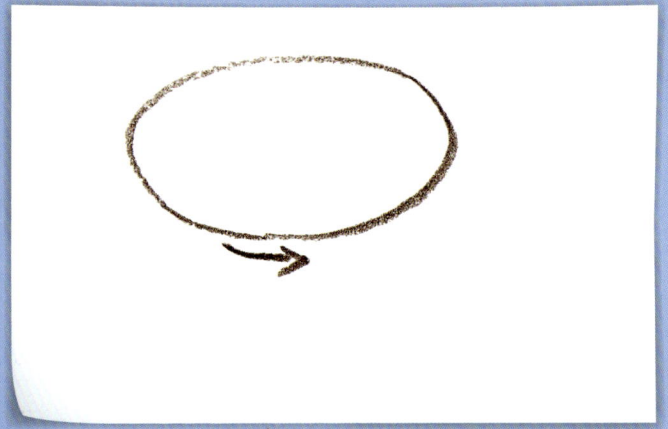

Du beginnst mit einem großen, liegenden Oval für den Körper.

Zeichne nun die Beine unter den Bauch. Das Oval für den Kopf sitzt weit unten.

STEVEN, DER STEINBOCK

Steinböcke können sehr gut klettern. Das müssen sie auch, denn sie leben ganz hoch oben im Gebirge. Steven hier ist noch ein kleiner Steinbock. Bei den älteren sind die Hörner viel mächtiger.

Male ein Gebirge in den Hintergrund hinter den Steinbock.

Verbinde Kopf und Körper. Male den Schwanz, ein Ohr und ein Horn.

Zeichne noch etwas struppiges Fell, das Gesicht und das Kinnbärtchen.

Du zeichnest ein liegendes Oval und ein
kleineres stehendes Oval.

Verbinde nun Körper und Kopf.
Setze vier Beine an den Bauch.

Zeichne ein ovales Ohr und den geschwungenen Schweif dazu.

Male die Hufe als Halbkreise, eine lange Mähne – und das Gesicht.

PIPPA, DAS PFERD

Pippa ist ein Apfelschimmel. Es gibt sogar auch echte Wildpferde. Die meisten Pferderassen leben aber bei uns Menschen.

Ein Oval bildet den Körper. Zeichne auch gleich das dreieckige Schwänzchen.

Setze Beine an den Bauch und male einen Tropfen als Kopf.

ZITA, DIE ZIEGE

Ziegen gibt es auf der ganzen Welt. Sie sind sehr genügsam. Deshalb können sie in rauen Gegenden leben.

Du kannst Zita auch grau, braun oder gescheckt ausmalen.

Verbinde Kopf und Körper mit einem schmalen Hals. Ergänze ein Ohr.

Nun bekommt Zita noch Euter, Gesicht, Horn und Ziegenbärtchen.

Zeichne einen ovalen Kopf. Daran setzt du einen Kreis als Bauch.

Oben am Kopf sitzen die beiden langen, ebenfalls ovalen Ohren.

Unten kommen noch die Beine hin. Seitlich guckt der Schwanz hervor.

Mit einem Gesicht, Hufen, Zottelfell und Stehmähne ist Enno komplett.

ENNO, DER ESEL

Esel haben einen größeren Kopf und größere Ohren als ein Pferd. Statt eines Schweifs haben sie einen langen Schwanz mit einer Quaste am Ende. Sie sind sehr robust und mit wenig Futter zufrieden.

Wenn du einen Esel von der Seite zeichnen willst, schau mal bei Zara, dem Zebra.

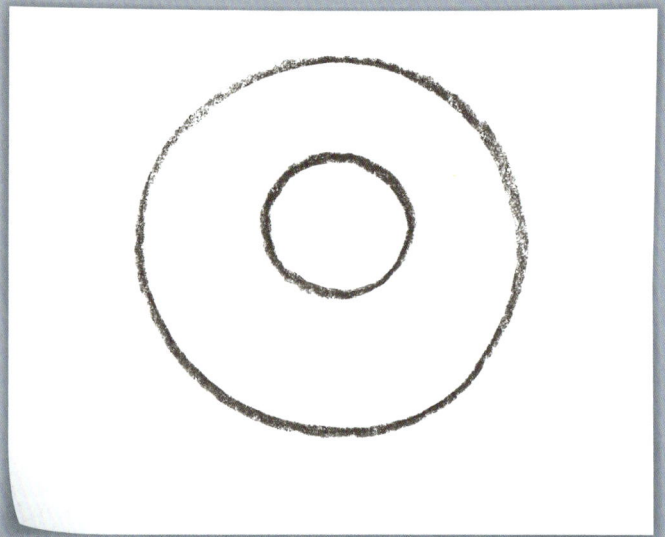

Ein großer Kreis bildet den Körper. Male einen kleinen Kreis ziemlich genau in die Mitte.

Und zwei Beine unten an den Bauch. Die Hinterbeine sieht man hier nicht, sie stehen hinter den Vorderbeinen.

NICKY, DAS NILPFERD

Nicky schaut dich genau von vorn an. Nicky ist noch ein kleines Nilpferd. Erwachsene Nilpferde haben einen viel dickeren Bauch und viel mehr Falten in ihrer dicken Haut! Ansonsten malst du sie wie kleine Nilpferde.

An den Kreis in der Mitte malst du ein großes Oval für die Schnauze und zwei kleine Ovale als Ohren.

Nun braucht Nicky noch Augen, Nasenlöcher, einen Mund, Zehen und ein Schwänzchen!

STELLA, DER STRAUSS

Strauße schlüpfen aus riesigen Eiern. Beim Zeichnen beginnst du am besten auch mit einem Ei. Wusstest du, dass Strauße ganz schnell rennen können?

Achte darauf, die Beine schön dünn zu zeichnen!

Ein Ei – oder Oval – bildet den Körper. Male lange Beine daran.

68

Der Hals ist sehr lang und dabei leicht gebogen, wie ein S.

Oben sitzt ein kleiner, runder Kopf mit dreieckigem Schnabel.

Jetzt braucht Stella noch Krallen, Federn, ein Auge und einen Mund.

GRETA, DIE GIRAFFE

Was ist das Besondere an einer Giraffe? Richtig, der ganz lange Hals! So kommen sie in der Savanne, wo sie leben, an die leckersten Baumblätter heran.

Male der Giraffe zur Tarnung viele braune Flecken ins Fell.

Beginne wieder mit einem Ei – oder Oval – und langen Beinen daran.

Dann malst du einen ganz langen Hals mit einem kleinen, ovalen Kopf.

Giraffen haben längliche, kleine Ohren, zwei kleine Hörner und einen Schwanz.

Greta fehlen jetzt nur noch Nase, Mund, ein Auge und viele braune Flecken.

Beginne mit einem Kreis für den Kopf. Setze gleich zwei Ohren daran.

Mit dem Kopf überlappend zeichnest du einen größeren Kreis für den Bauch.

Zeichne die Vorderbeine unten an den Bauch, dann Nase und Schwanz.

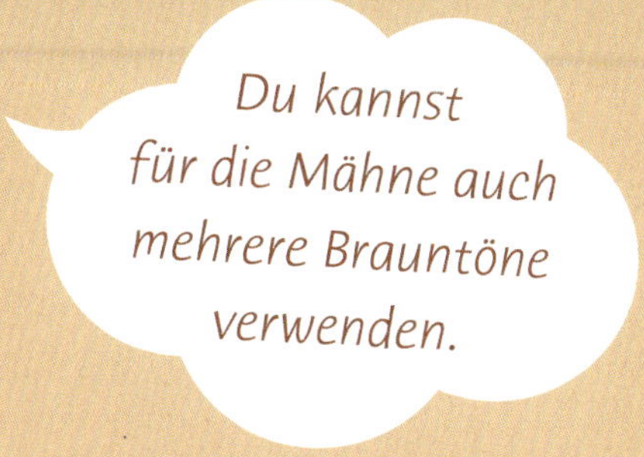

Du kannst für die Mähne auch mehrere Brauntöne verwenden.

Jetzt kommt die Mähne mit vielen Strichen dran – und das Gesicht!

LEO, DER LÖWE

Den Löwen zeichnen wir von vorn, damit man seine Mähne gut sehen kann. Weil er mit seiner Mähne so prächtig aussieht, wird der Löwe manchmal auch der König der Tiere genannt. Löwen leben in der Savanne in Afrika.

Wenn du Lea mit Leo zusammen in ein Bild zeichnen willst, male Lea etwas kleiner.

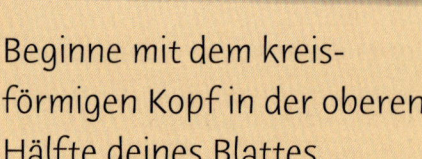

Beginne mit dem kreisförmigen Kopf in der oberen Hälfte deines Blattes.

LEA, DIE LÖWIN

Lea ist Leos Löwenfrau. Oft leben männliche Löwen in einem Rudel mit mehreren Löwinnen. Die Löwinnen gehen gemeinsam auf die Jagd. Mal doch mal so ein Rudel!

Ein größerer Kreis bildet den Bauch. Die Kreise überschneiden sich.

Zwei kleine Kreise für die Ohren und ovale Beine kommen dazu.

Zuletzt fehlen nur noch das Gesicht, die Pfoten und der Schwanz.

LEONIDAS, DAS LÖWENBABY

Leonidas sieht aus wie seine Eltern. Kleine Löwen haben im Vergleich zum Körper einen größeren Kopf. Schau dir auch Leonidas' Gesicht genau an: Seine Augen sind niedriger am Kopf eingezeichnet als bei den Großen. So ist das bei allen Tierkindern.

Beginne beim Zeichnen mit feinen Linien.

Hier beginnst du mit dem runden Kopf und dem ovalen Bauch.

Die Vorderbeine sind lange Ovale, die vor dem Bauch sitzen.

Zeichne runde Kreise als Ohren und einen langen Schwanz.

Ergänze das Gesicht des kleinen Löwen mit Augen und einer kleinen Schnauze.

Ein großes Oval bildet den Körper. Markiere den Kopf mit einem Kreis.

Zeichne nun den Hals zwischen Kopf und Bauch und füge zwei Beine hinzu.

Ergänze den Kopf unten mit einem kleineren Kreis. Ohr und Schwanz darfst du auch nicht vergessen.

Am wichtigsten sind die schwarzen Streifen! Male Zara dann noch ein Gesicht, Mähne und Hufe.

ZARA, DAS ZEBRA

Zebras leben in großen Herden in der Savanne in Afrika. Die Streifen schützen sie, denn viele gestreifte Zebras gleichzeitig zu sehen, ist für einen Löwen ganz schön verwirrend.

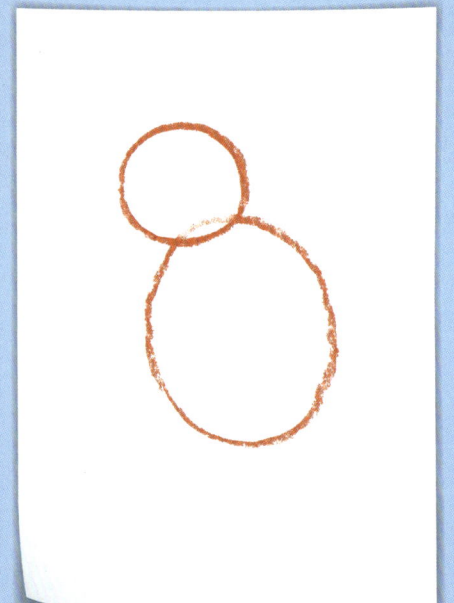

Ovaler Bauch und runder Kopf dürfen etwas schief stehen.

Zwei längliche Arme gehören daran. Unten sitzen zwei gebogene Beine.

Die Hände und die Füße kannst du als Ovale zeichnen, ebenso die Ohren.

Mit fröhlichem Gesicht, Fingern, Zehen und Fell ist Artur komplett.

ARTUR, DER AFFE

Es gibt viele verschiedene Affenarten. Artur hier ist ein Schimpanse. Schimpansen gehören zu den Menschenaffen. Sie sind eng mit uns Menschen verwandt und verhalten sich auch ziemlich ähnlich – bis darauf, dass sie ganz toll klettern können!

Male Artur mit vielen feinen kurzen Strichen ein weiches Fell.

Los geht's: ein Oval für den Bauch und ein kleineres für den Kopf.

Lass den langen Greifschwanz unten in einer Spirale enden.

CONNY, DAS CHAMÄLEON

Chamäleons sind richtige Verwandlungskünstler. Sie passen sich ihrer Umgebung an, sodass man sie oft kaum erkennen kann. Deshalb kannst du sie in jeder Farbe malen: rot, blau, grün, gepunktet oder gestreift.

Ein Kreis für's Kugelauge und zwei kurze, ovale Beine kommen dazu.

Ergänze Connys Gesicht, die Krallen und eine lange, spiralförmige Zunge!

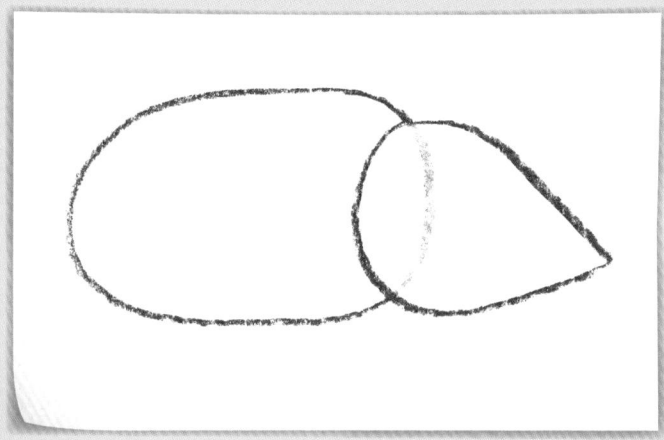

Beginne mit einem Oval für den Bauch.
Ein liegender Tropfen wird der Kopf.

Zwei Beine am Bauch kannst du sehen,
wenn du Nelly von der Seite anschaust.

NELLY, DAS NASHORN

Wir zeichnen das Nashorn von der Seite, damit man das Horn schön deutlich sehen kann.
Nashörner leben in Afrika, aber es gibt auch welche in Asien. Diese haben nur ein Horn.
Wusstest du, dass es vor ganz langer Zeit sogar bei uns Nashörner gab?

Das Horn ist ein spitzes Dreieck.
Male Ohren und Schwanz dazu.

Nun fehlen Nelly nur noch Zehen, Auge
und Mund. Schon fertig!

Du beginnst mit einer Raute und setzt unten zwei lange Beine daran.

Unterteile den Rücken in zwei Höcker. Der Hals ist gebogen.

KARIM, DAS KAMEL

Kamele leben in der Wüste. Es gibt sie mit ein oder zwei Höckern. Unser Karim mit seinen zwei Höckern stammt aus Asien. Kamele mit einem Höcker nennt man auch Dromedare. Sie leben in Nordafrika und auf der Arabischen Halbinsel.

Dein Kamel kannst du mit einer bunten Decke schmücken, wenn du magst.

Für den Kopf brauchst du ein längliches Oval. Vergiss die Ohren nicht!

Nun braucht Karim Auge, Nase und Mund, geteilte Hufe und Zottelfell.

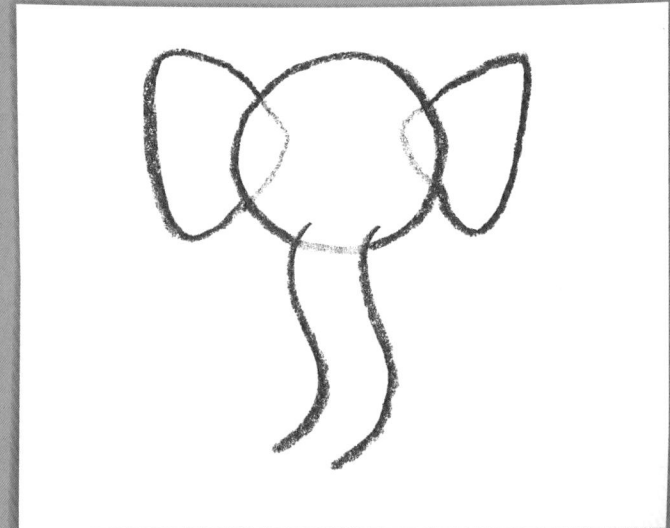

Wir beginnen oben mit einem kleineren Kreis für Emils Elefantenkopf.

Große Dreiecke werden die Ohren. Der Rüssel ist gebogen wie ein S.

EMIL, DER ELEFANT

Elefanten sind die größten Säugetiere an Land. Es gibt sie auf zwei verschiedenen Kontinenten, in Afrika und in Asien! Die afrikanischen Elefanten haben große Ohren, die asiatischen etwas kleinere.

Ergänze jetzt den großen Kreis für den Bauch und unten zwei Beine.

Mit Rüsselspitze, Augen, Zehen und Schwänzchen ist Emil fertig!

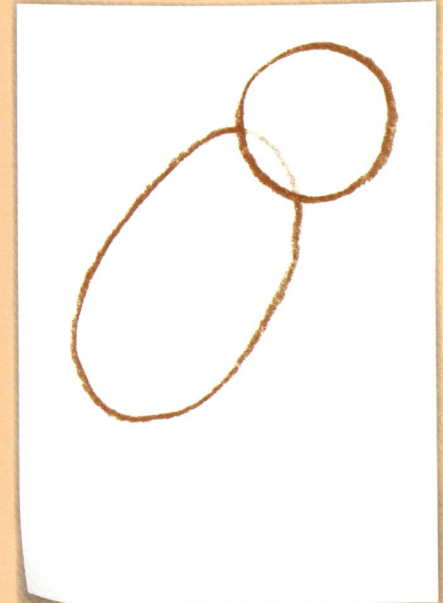

Diesmal brauchst du ein schräges Oval für den Bauch. Der Kopf ist kleiner und rund.

Male längliche Beine: ein senkrechtes Vorderbein und ein liegendes Hinterbein. So sitzt Tom!

Für den Schwanz zeichnest du Schlangenlinien, wie ein S. Für die Ohren kommen kleine Kreise dazu.

Du kannst einen Tiger auch von vorn zeichnen. Schau bei Leo, dem Löwen, wie es geht.

Augen, Nase, Mund und Schnurrhaar: Mit vielen schwarzen Streifen ist Tom fertig.

TOM, DER TIGER

Der Tiger ist die größte Katze der Welt. Ein männlicher Tiger kann 3,5 m lang werden! Er lebt im Dschungel in Asien. Dort ist er durch seine Streifen sehr gut getarnt.

Ein großer Kreis wird der Bauch, und ein kleinerer wird der Kopf.

Vier längliche Ovale bilden die Beine. Vergiss die runden Ohren nicht.

PIAO, DER PANDA

Der Panda lebt in China in dichten Wäldern. Dort ist es im Sommer kühl und im Winter richtig kalt, weshalb er so ein dickes Fell hat. Am liebsten frisst er Bambus.

Den Panda kannst du auch gut mit weißer Kreide auf grünes Papier zeichnen.

Die Fußsohlen sieht man von vorn als Ovale.
Der Panda hat scharfe Krallen an den Pfoten!

Male jetzt Piaos Gesicht und seine typischen
schwarzen Ohren, Augenringe und Beine.

Zeichne einen kleinen Kreis für den Kopf und darunter einen aufrechten Tropfen.

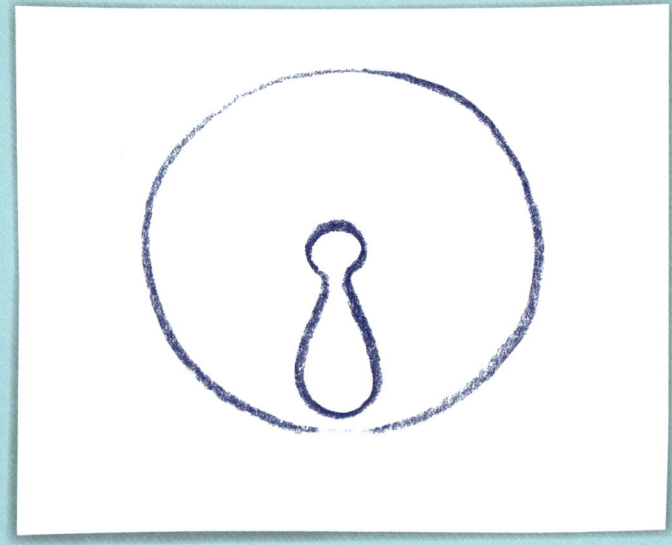

Zeichne einen möglichst großen Kreis für das Pfauenrad drum herum.

PAMIR, DER PFAU

Wenn ein Pfau uns beeindrucken will oder sich ärgert, breitet er seine Schwanzfedern zu einem wunderschönen Rad auf. Das können aber nur die Pfauen-Männchen. Die Weibchen sind braun und viel kleiner.

Jetzt fehlen noch die Beine, ein dreieckiger Schnabel und kleine Kreise für die Federn.

Schmücke Pamirs Gefieder mit Mustern, und vergiss Gesicht und Krallen nicht!

Beginne von innen her eine Spirale zu zeichnen, die immer größer wird.

Setze zwei Bögen, wie ein großes doppeltes S, als Hals daran.

SIRI, DIE SCHLANGE

Schlangen gibt es fast auf der ganzen Welt, nur nicht dort, wo es sehr kalt ist. Sie leben in Wäldern, Wüsten, Wiesen und sogar im Wasser.

Schlangen gibt es in vielen Farben und Mustern. Lass dir was einfallen!

Der Kopf sitzt als kleines Oval an dem langen Schlangenkörper.

Nur noch Augen, Mund und eine gespaltene Zunge – fertig!

PEDRO, DER PAPAGEI

Papageien leben an vielen Orten auf der Welt, wo es warm ist, meist im Wald. Mit ihrem kräftigen Schnabel können sie Früchte und Beeren sehr gut aufknacken. Es gibt viele verschiedene Papageien in ganz unterschiedlichen Farben.

Achte beim Zeichnen auf den großen Schnabel!

Der Körper von unserem Papagei ist ein großes, stehendes Oval.

Der Kopf sitzt nicht ganz in der Mitte. Ein Tropfen wird zum Flügel.

Male den Schnabel als weiches Dreieck und einen langen Schwanz.

Mit Gesicht, Federn und Krallen ist Pedro dann auch schon fertig.

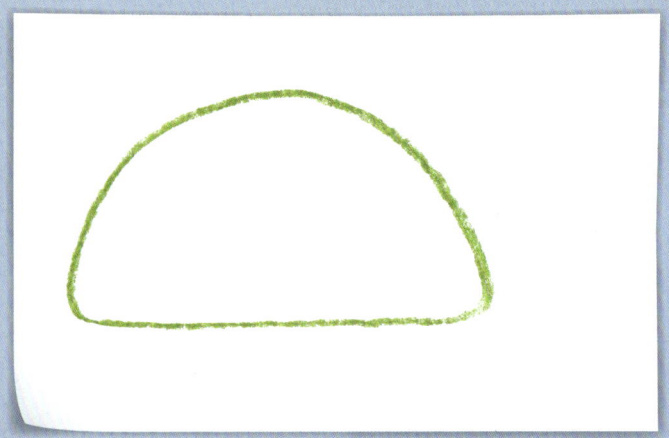

Beginne mit einem halben Kreis. Runde dabei die Ecken etwas ab.

Ein kleines Oval ergibt den Kopf; zwei Dreiecke werden die Füße.

SANDRA, DIE SCHILDKRÖTE

Schildkröten gibt es schon sehr lange auf der Erde. Sie können auch sehr alt werden, manche sogar älter als Menschen! Einige Schildkröten-Arten leben an Land, andere im Wasser. Am liebsten mögen sie es, wenn es warm ist.

Teile den Panzer erst in Streifen, dann in Stücke, wie Mauersteine.

Nun fehlen Sandra nur noch Auge, Nase, Mund und ein Schwänzchen.

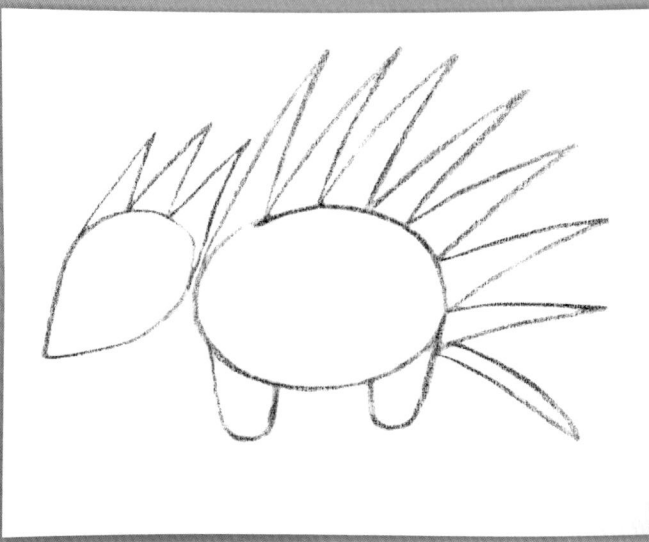

Zuerst brauchst du ein liegendes Oval als Körper und einen Tropfen als Kopf.

Jetzt kannst du die Beine und viele lange Zacken als Stacheln zeichnen.

Das Stachelschwein bekommt ovale Pfoten und ein kleines Ohr.

Schließlich fehlen nur noch die Zehen und das Gesicht.

STEFFI, DAS STACHELSCHWEIN

Stachelschweine tragen Stacheln wie ein Igel. Ihre Stacheln sind aber viel länger und oft schwarzweiß gemustert. Sie leben hauptsächlich in Afrika und Asien. Am Ende ihres Schwanzes haben Stachelschweine hohle Stacheln. Damit können sie rasseln!

Wir brauchen ein flaches Oval für den Bauch und zwei dreieckige Füße. Weil wir das Krokodil von der Seite zeichnen, sieht man nur zwei von vier Beinen.

Den Schwanz und den Kopf malst du als lange, flache Dreiecke.

Der Schwanz geht in den Körper über, der Kopf ist etwas abgesetzt. Nun braucht dein Krokodil noch Auge, Mund, Nase und Krallen. Male Kroko viele kleine Zacken und Zähne!

KROKO, DAS KROKODIL

Krokodile leben in Flüssen und Seen, eine Art sogar im Meer!
Zum Ausruhen kommen sie aber an Land.

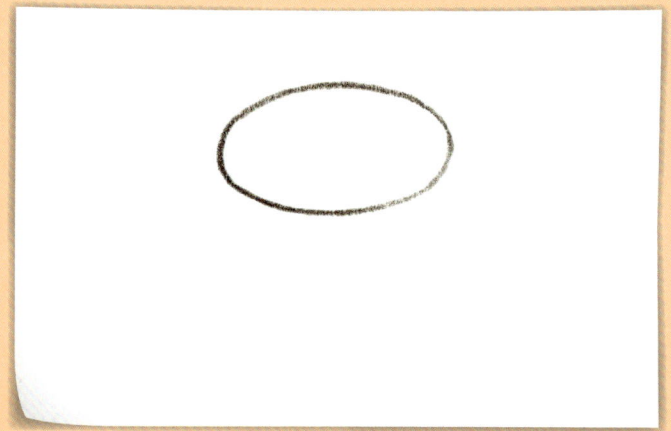

Beginne mit einem liegenden Oval.
Das ist der Bauch des Ameisenbärs.

Ein großer Topfen ergibt den Schwanz und
ein kleinerer Tropfen den Kopf.

ANTONIO, DER AMEISENBÄR

Ameisenbären leben in Südamerika. Am liebsten fressen sie Termiten
oder Ameisen, die sie mit ihrer langen Schnauze aus ihrem Bau saugen.
Ameisenbären haben keine Zähne!

Verbinde Kopf und Bauch, ergänze die Beine, die Pfoten und ein kleines Ohr.

Male dem Ameisenbär ein zottiges Fell, den typischen Schulterstreifen und ein Gesicht.

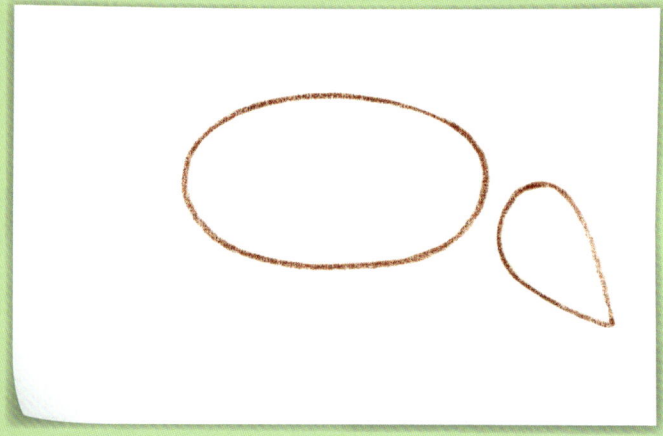

Das Gürteltier beginnst du mit einem liegenden Oval und einem Tropfen.

Füge Beine und einen langen Schwanz hinzu. Verbinde Kopf und Bauch.

GUSTAVO, DAS GÜRTELTIER

Gürteltiere tragen ihren Namen wegen der gürtelförmigen Panzerung. Sie sind die einzigen gepanzerten Säugetiere und leben in Südamerika und ganz im Süden von Nordamerika. Gustavo frisst gerne Insekten.

Zeichne die „Gürtel" um Gustavos Bauch etwas gebogen. So wirkt der Bauch rund.

Tropfenförmige Ohren, spitze Krallen und die Gürtelstreifen kommen dazu.

Mit Auge und Mund wird das Gürteltier komplett.

Es sieht sehr schön aus, wenn du einen Pinguin mit Kreide auf blaues Papier malst.

Hier beginnst du wie beim Papagei mit einem großen, stehenden Oval.

PATTY, DER PINGUIN

Pinguine sind zwar Vögel, aber sie können nicht fliegen. Dafür können sie mit ihren kurzen Flügeln sehr gut schwimmen und tauchen!

Der Kopf sitzt eher vorn als ganz oben. Zeichne ein Dreieck als Fuß.

Auch der Schnabel und der Schwanz sind kleine Dreiecke. Der Flügel ist ein länglicher Tropfen.

Auge und Mund, schwarzer Rücken und weißer Bauch machen Patty komplett. Prima!

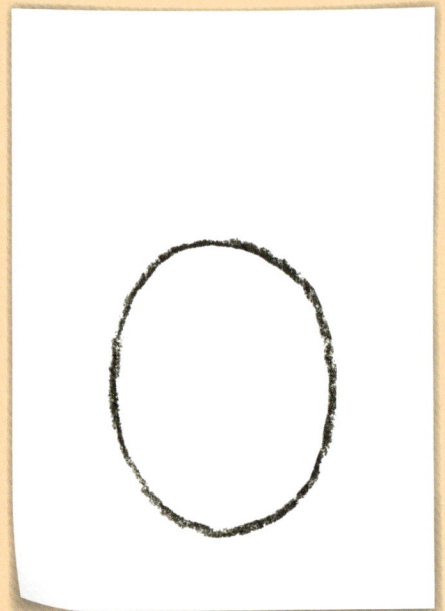

Du fängst mit einem stehenden Oval an. Das wird der Koalakörper.

KEVIN, DER KOALA

Wusstest du, dass Koalas Beuteltiere sind?
Es gibt sie nur in Australien, wo sie gerne in Eukalyptus-Bäumen sitzen und die Blätter fressen.

Male deinen Koala doch in einen Baum mit grünen Blättern.

Der kreisrunde Kopf sitzt genau obendrauf. Male zwei ovale Beine.

Zwei kleine Kreise sind die Ohren. Die Nase ist ein stehendes Oval!

Noch Augen und Mund, Fell und Krallen dazu – schon ist Kevin fertig!

Ein großer Tropfen für den Bauch, ein kleiner Tropfen als Kopf.

Ein liegendes Dreieck bildet das Hinterbein, ein kleines Oval das Ohr.

KATI, DAS KÄNGURU

Kängurus leben in Australien und sind die bekanntesten Beuteltiere. Die Weibchen tragen ihre Jungen in ihrem Beutel, bis sie groß genug sind, allein herumzuhüpfen.

Kängurus sind sehr gesellig. Zeichne mehrere Kängurus in dein Bild.

Zeichne ein Vorderbein und einen langen, gebogenen Schwanz.

Mit Beutel, Krallen und Gesicht ist das Känguru auch schon fertig!

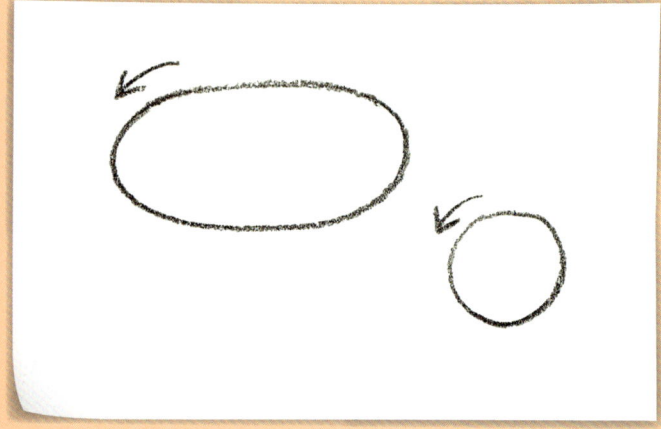

Ein längliches Oval bildet den Körper, ein Kreis wird der Kopf.

Zeichne zwei Beine und ein kleines Oval für die Schnauze hinzu.

DYLAN, DER DINGO

Jetzt denkst du sicher: Das ist doch ein Hund! Stimmt genau! Dingos sind Hunde, die vor sehr langer Zeit nach Australien gekommen sind und dort nun wild leben.

Ergänze einen Schwanz, ovale oder spitze Ohren und runde Pfoten.

Mit Krallen und Gesicht ist Dylan fertig und schnüffelt neugierig am Boden.

Ein Kreis und ein schräges Oval bilden den Kopf und den Körper.

Zeichne jetzt einen großen U-Bogen für den Schwanz und einen kleinen für den Schnabel.

MAIKE, DIE MÖWE

Möwen findest du auf der ganzen Welt an Küsten und Stränden der kühleren Gegenden. Manche Möwenarten, wie die Lachmöwe, leben auch an großen Flüssen. Bei den Möwen brüten Männchen und Weibchen abwechselnd die Eier aus.

Der Flügel ist ein Tropfen; die Füße bilden Dreiecke.

Verbinde Kopf und Rumpf und zeichne das Gesicht mit Augen und Schnabel fertig.

Du fängst zuerst mit einem halben Kreis für den Delfinkörper an.

Die Flossen sind Dreiecke. Achte auf die richtige Stelle am Körper!

DANIEL, DER DELFIN

Delfine sehen zwar wie Fische aus, sind aber Säugetiere. Sie müssen also die Luft anhalten, wenn sie tauchen. Das können sie bis zu 15 Minuten lang!

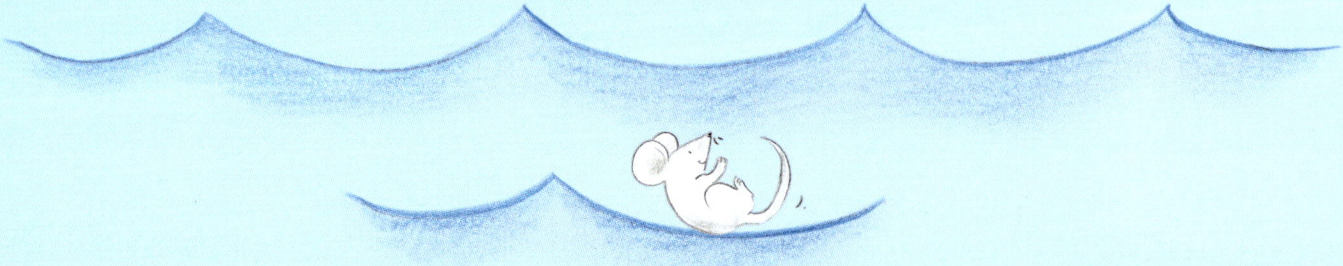

Die Delfinschnauze ist ein längliches Oval.
Es zeigt etwas nach unten.

Daniels Auge sitzt sehr weit vorn,
und der Mund sitzt weit unten.

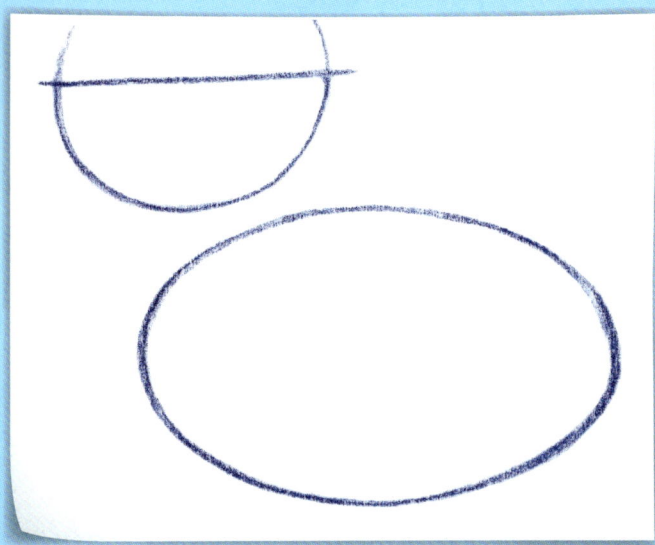

Für den Wal benötigst du ein riesengroßes Oval und einen halben Kreis.

Verbinde Körper und Schwanzflosse mit zwei Bögen. Füge ein kleines Oval hinzu.

WANJA, DER WAL

Es gibt viele verschiedene Arten von Walen, z. B. den Blauwal, den Buckelwal oder den schwarzweißen Orca. Wale sind Säugetiere. Sie bekommen ihre Jungen unter Wasser und müssen zum Tauchen Luft holen.

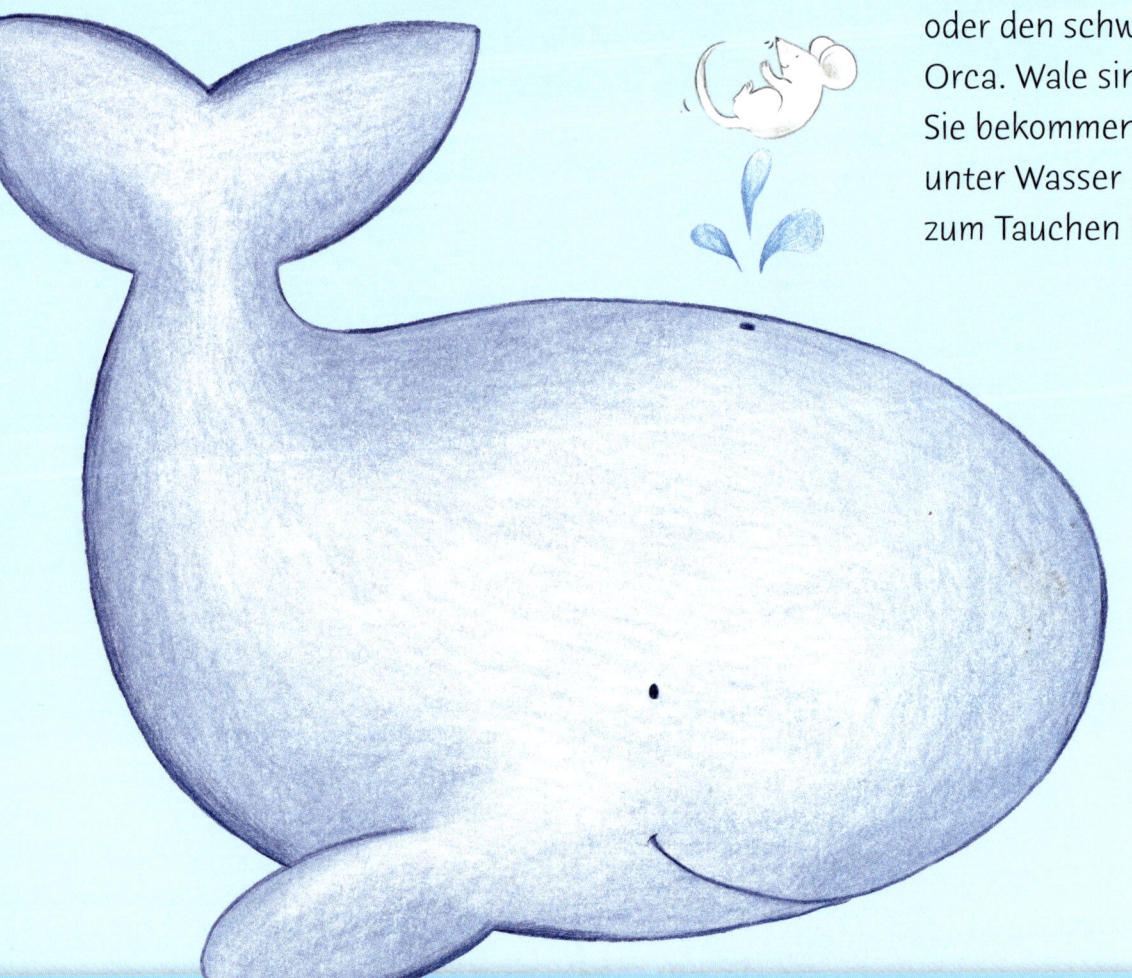

Die Schwanzflosse wird mit zwei Bögen unterteilt, das Maul ist ein großer Bogen.

Mit Auge und Wasserspritzern am Atemloch ist der Wal komplett.

SISSI, DAS SEEPFERDCHEN

Sissi ist klein und zart. Sie lebt in Seegraswiesen, wo sie sich oft mit ihrem Ringelschwanz im Seegras festhält. Je nach der Umgebung erscheinen Seepferdchen auch grün oder braun.

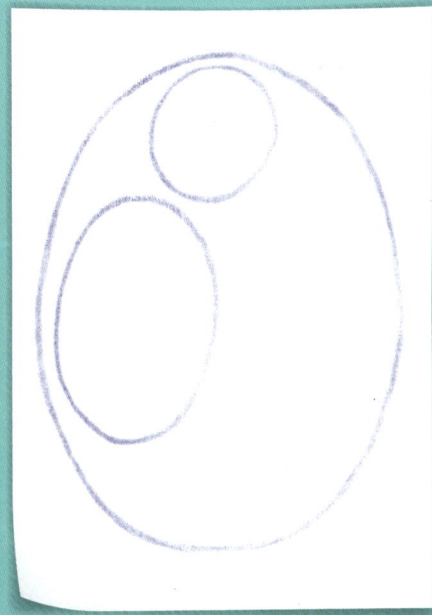

Beginne mit einem zarten großen Oval, in das du ein kleines Oval und einen Kreis setzt.

Zeichne in deinem Bild Seegras um Sissi herum.

Zeichne eine Spirale ans untere Ende des Ovals und ein Dreieck an den Kreis.

Verbinde jetzt den gesamten Rücken des Seepferdchens mit kleinen Bögen.

Nun kannst du das Gesicht, eine Flosse und kleine runde Luftblasen dazuzeichnen.

Am Anfang zeichnen wir ein großes Oval.
Das wird der dicke Fischbauch.

Daran sitzt ein dreieckiger Schwanz.
Teile das Gesicht vom Körper ab.

FERDINAND, DER FISCH

Sie leben im Meer und in Flüssen und Seen. Es gibt sie in unglaublich
vielen Formen und Farben. Bestimmt kennst du schon einige. Leg los!

Auch die Rücken- und die Bauchflossen
sind Dreiecke.

Nun fehlen Ferdinand nur noch Auge,
Mund und viele bunte Schuppen!

Hier kannst du dein Lieblingstier zeichnen.